LES
CHEMINS DE FER
DÉSASTREUX

PAR

Édouard Boinvilliers

DEUXIÈME ÉDITION

PARIS

DUBUISSON et Cie, IMPRIMEUR BREVETÉ

5, RUE COQ-HÉRON, 5

1880

LES

CHEMINS DE FER DÉSASTREUX

Lb⁵⁷ 7286

LES
CHEMINS DE FER

DÉSASTREUX

PAR

Edouard Boinvilliers

BIBLIOTHÈQUE NATIONALE R F

PARIS

DUBUISSON et Cie, IMPRIMEUR BREVETÉ

5, RUE COQ-HÉRON, 5

—

1880

CHEMINS DE FER DÉSASTREUX

Le public lit peu les écrits nombreux où l'on traite d'une manière technique la question des chemins de fer.

Nous voudrions, en éliminant avec soin de cette étude tout ce qui peut à juste titre effrayer un homme du monde, réduire cette très importante question à ses termes les plus simples, et prouver en quelques mots que les projets du gouvernement, loin de procurer dans le présent ou dans l'avenir une richesse quelconque à la France, ne seraient, s'ils venaient à être réalisés, qu'un gaspillage gigantesque de ses épargnes.

La France possède trois classes de chemins de fer:

Première classe : *les chemins de fer utiles*, c'est-à-dire ceux qui réalisent une économie sur les anciens modes de transports.

Deuxième classe : *les chemins de fer prématurés*, c'est-à-dire ceux qui réaliseront cette économie dans un délai assez court.

Troisième classe : *les chemins de fer désastreux*, c'est-à-dire ceux qui, ne réalisant aucune économie, constituent une perte sèche pour le pays.

Le but de ce travail est de reconnaître à quelle classe appartiennent les chemins de fer projetés par l'honorable M. de Freycinet.

L'erreur capitale que commettent au Parlement les orateurs intéressés à complaire à leurs électeurs, consiste à regarder comme un avantage pour le pays tout entier l'économie de transport qui résulte, entre deux localités déterminées, de la substitution d'une voie ferrée à la route ordinaire. Dans ce dernier cas, le citoyen paie, en effet, 25 à 30 centimes par tonne, et dans le second 6 à 7 centimes par tonne ; l'avantage semble manifeste ; mais s'il arrive que, pour procurer cet avantage aux deux localités en question, le public français ait dû payer une somme telle, que le prix réel de transport soit peu différent de 30 centimes ou égal à 30 centimes, on aura fait dans le premier cas un travail prématuré, et dans le second un travail stupide.

Que le chemin de fer ait été entrepris par un citoyen, par une compagnie ou par l'Etat, peu importe ; dans tous les cas, c'est l'épargne française, considérée dans sa généralité, qui est où mal employée, ou déplorablement compromise.

Prenons quelques exemples :
Choisissons dans les chemins de fer que l'Etat vient de racheter ceux qui ont un certain nombre d'années d'exercice, qui sont construits dans des pays plats et qui traversent des contrées riches, c'est-à-dire ceux qui se trouvent dans les conditions les moins favorables à la thèse que nous soutenons.

Voyons ce qu'il en est sur les deux lignes de *Tours, aux Sables* et de *Poitiers à Saumur.*

PRIX DE REVIENT DES TRANSPORTS
Sur les Chemins de fer du troisième Réseau

DÉSIGNATION DES LIGNES	Long.r kilométriq.e	DÉPENSES TOTALES	Par kilom.re	Intérêt par kilom. 5 0/0.	Dépenses d'exploitation par kil.	Ensemble des dépenses et intérêts	Recette par kilom.	TONNAGE à 1 kilom. (2)	Prix de revient de la tonne à 1 kilom.
Tours aux Sables.....	250	66.500.000 (1)	266.000	13.300	6.390	19.690	8.270	103.000	0.19
Poitiers à Saumur	98	13.000.000	132.000	6.600	5.664	12.264	6.635	83.000	0.15

(1) Y compris une subvention de 25,460,000 francs.
(2) Pour obtenir ces chiffres, on suppose que le tarif moyen est de 0 fr. 08 par kilomètre par chaque unité de trafic ; on divise la recette kilométrique par le tarif moyen et on a ainsi un tonnage représentant le mouvement des voyageurs et des marchandises.

***

Que nous enseigne le premier exemple ?

C'est que le prix effectif du transport sur cette ligne est de 19 centimes et non de 6, 7, 8 centimes, ainsi que l'indique le tarif. Comme l'expéditeur ne paie que 8 centimes en moyenne, la différence, soit 11 centimes, est supportée par la communauté des contribuables ; or, ces 11 centimes répétés autant de fois qu'il y a de kilomètres parcourus et de tonnes transportées, représentent une dépense annuelle de près de 3 millions de francs.

Un même raisonnement au sujet du chemin de fer de Poitiers à Saumur nous mènerait à la même conclusion. C'est une face nouvelle du système protectionniste appliqué au transport des marchandises.

Il ne faut pas croire d'ailleurs que les chemins de fer secondaires, qu'on a appelés chemins du 2e réseau, et qui ont été imposés en 1857 et en 1859 aux grandes Compagnies, soient, au point de vue économique du pays, une affaire exempte de légitimes critiques. Déjà, à cette époque, on avait devancé les événements, c'est-à-dire qu'on avait construit et exploité à grands frais des moyens de transports pour une marchandise dont le tonnage était loin de correspondre aux sacrifices exigés du pays.

Si l'on veut se rendre compte de ce que coûte cette précipitation, il convient de se rappeler qu'à l'heure présente, l'Etat dépense annuellement 50 millions, malgré la plus-value annuelle, pour combler les déficits constatés dans les revenus des grandes Compagnies ; il faut se rappeler, en outre, qu'avant ce terrible *cadeau* de voies secondaires, les mêmes grandes Compagnies donnaient 8 1/2 pour cent du capital qu'elles avaient demandé au public, et que, depuis l'adjudication de ces voies de second ordre, le revenu a baissé de 3 pour cent.

C'est, de ce chef, encore plus d'un milliard engagé prématurément dans *cette opération.*

La vérité était ailleurs ; il aurait fallu construire de petits chemins de fer écono-

miques, ou de simples tramways à vapeur
déversant leur tonnage sur les grandes voies,
et non s'occuper sottement d'asseoir sur le
sol des engins très coûteux à établir et plus
coûteux encore à exploiter, sans compter
que la préoccupation constante des conces-
sionnaires et des entrepreneurs était de se
glisser dans les jambes des grandes Compagnies et de tracer des voies, non pas perpen-
diculaires mais parallèles aux voies existantes.

La nature, que l'on aurait dû copier servi-
lement, n'agit pas en dehors des règles du
bon sens ; quand on considère un arbre, on
voit que les branches diminuent de grosseur
à mesure qu'on s'éloigne du tronc; quand
on parcourt un grand fleuve, on remarque
que les rivières qui versent leurs eaux dans
son lit sont de moindre importance et que
les ruisseaux qui concourent à former la ri-
vière sont plus petits encore. Que dirait-on
d'un silviculteur qui s'ingénierait à faire que
toutes les branches de son arbre fussent
aussi grosses que le tronc, et d'un ingénieur
qui creuserait pour le lit des plus minces fi-
lets d'eau un canal aussi large que la Loire ?

C'est pourtant et avec exactitude ce que

l'on a fait pour la construction de nos chemins de fer.

Il faut que ces voies particulières de transport produisent un effet singulier sur les imaginations, car lorsqu'il s'est agi des routes de terre, on a obéi, avec sagesse, aux lois du bon sens, et l'on a établi hiérarchiquement et proportionnellement aux besoins à desservir les routes impériales, départementales et vicinales.

***

D'ailleurs le mal est ancien, car dès 1865, un économiste écrivait, dans la *Revue contemporaine* (1), un article dont il n'est pas superflu de rappeler les premières lignes :

« Quand sur un navire, au cours d'une
» belle et heureuse traversée, retentit tout à
» coup ce cri lugubre : *Un homme à la mer !*
» tout le monde, équipage et passagers, se
» précipite sur le pont, des centaines d'hom-
»mes, réunis dans le sentiment d'une com-
» mune anxiété, s'empressent, travaillent,

____

(1) 31 mars 1875.

» acceptent avec joie les plus rudes corvées
» et ne se permettent un instant de repos
» qu'après avoir sauvé leur semblable. La
» France, dans la présente année, va décider
» si elle est assez riche pour jeter *un mil-*
» *liard à l'eau.* »

» Personne ne se sent-il le courage de
» venir à son secours, et bien qu'il ne soit
» question que d'argent et non de la vie
» d'un homme, une émotion patriotique
» n'est-elle pas permise quand on songe à
» l'importance de la somme en péril et aux
» belles et grandes choses qu'elle permettrait
» de faire ? »

Le milliard a été jeté à l'eau, puisque
l'Etat paie 50 millions de rente. Le second
réseau a donc été une opération prématurée et même médiocre ; que dire du troisième que l'honorable ministre des travaux
publics est en train de construire ?

***

La théorie de M. de Freycinet a été
expliquée par lui-même (séance du 15 mars
1878, *Journal officiel*, page 2908) dans les
termes suivants :

« ... Je néglige, messieurs, toutes ces
» considérations, je reste sur le terrain
» commercial et je dis : c'est l'économie
» qu'ils permettent de réaliser sur les trans-
» ports qui fait, au point de vue commercial,
» le véritable revenu des chemins de fer ;
» or, savez-vous ce que coûtaient les trans-
» ports avant la création des chemins de
» fer et ce qu'ils coûtent encore là où il n'y a
» pas de chemins de fer pour les marchan-
» dises, pour les voyageurs ? La dépense est
» de 30 centimes par kilom. alors que, grâce
» aux chemins de fer, cette dépense est en
» moyenne de 6 cent. La communauté réa-
» lise donc un bénéfice de 24 centimes
» sur 30, en d'autres termes, la commu-
» nauté réalise un profit égal à quatre fois
» le péage du trafic et quatre fois la recette
» brute. »

Or, comme M. le ministre suppose sur ces
chemins nouveaux un tonnage de 62,000
tonnes par kilom., c'est par kilom. une
économie annuelle de 14,880 fr. et pour
17,000 kilomètres une économie annuelle de
252,960,000 francs.

Ce serait superbe ! il est dommage que ce
soit absurde !

***

D'après les calculs du ministre lui-même, les chemins de fer nouveaux seraient construits dans les conditions suivantes :

Le kilomètre coûterait 200,000 francs.

Les dépenses d'exploitation seraient de 6,500 francs.

La recette serait de 5,000 francs, ce qui suppose un tonnage de 62,000 tonnes.

Inutile de faire remarquer que Son Excellence n'a pas choisi de chiffres défavorables à sa thèse.

Que résulte-t-il de ces données?

1° Que l'ensemble des dépenses d'exploitation, ajoutées à l'intérêt du capital, s'élèveraient pour chaque kilomètre à 16,500 fr., et que le prix de revient de la tonne serait de 27 centimes,

Sans doute les clients de ces nouvelles lignes paieront non 6 centimes (comme le suppose le ministre), mais de 7 à 11 centimes, ainsi que le prouve l'exploitation des lignes que nous avons citées plus haut, soit en moyenne très basse 8 centimes, mais le public français devra prendre dans sa poche une somme égale à la différence entre 8 et 27 centimes, soit 19 centimes, répétée autant de fois qu'il y a de tonnes transportées et de kilomètres parcourus, c'est-à-dire 0 f. $19 \times 17,000 \times 62,000 = 200,260,000$ fr. C'est-à-dire enfin employer à cet usage et prélever sur l'épargne française plus de 4 milliards.

Si on ne dépensait pas les quatre milliards, la tonne sur essieu coûterait comme partout de 25 à 30 centimes, soit 27 centimes, c'est-à-dire juste ce qu'elle coûterait en réalité au pays après cette gigantesque folie : ce sont littéralement et sans aucune exagération 4 milliards jetés à l'eau.

La mode est toute puissante dans notre pays. Au debut, en 1840, personne, si j'en excepte les MM. Pereire, ne croyait aux chemins de fer utiles à ceux qui rapportent de l'argent et par conséquent réalisent un profit pour la communauté. Aujourd'hui chacun veut faire des chemins inutiles, non pas sans doute avec son argent, mais avec celui de l'Etat.

Arrivé à ce degré de folie, il n'est pas impossible que l'on construise et qu'on exploite des voies ferrées entre deux petites localités, où le trafic ne dépassera pas 1,000 tonnes par an ; et sans compter le capital enfoui dans la construction, il faudra payer 5,000 francs de frais d'exploitation par kilomètre ; c'est insensé : cela équivaudrait à mettre au rebut tous les chariots qui circulent entre ces deux petites communes et à les remplacer par des coupés à huit ressorts, doublés de satin cerise, conduits en poste par quatre chevaux magnifiquement harnachés, puis à confier à ces équipages princiers le soin de transporter quelques paniers de volailles, de légumes et quelques pièces de petit vin du pays pendant la moisson.

***

La vérité, c'est que le chemin de fer, qui coûte de 2 à 300,000 fr. le kilomètre, est un mode de transport qui ne peut s'établir qu'en remplacement des routes impériales ; on a tenté de construire, à ce prix, des chemins de fer départementaux, c'était dans la situation de la France et, par rapport au tonnage à transporter, une entreprise prématurée qui coûte encore au pays des sommes très considérables. Mais jamais, en aucun cas, on ne doit permettre d'établir ces voies ferrées correspondant aux chemins vicinaux, ce serait vouloir notre ruine.

L'honorable M. de Freycinet, — et sans doute ses collaborateurs, car il serait impertinent de faire porter le poids de pareilles erreurs à un homme seul, si fort qu'on le suppose d'ailleurs, — n'ont pas seulement la prétention de mettre des voitures de gala à la disposition de nos paysans et de leurs paquets de légumes, ils ont imaginé qu'il fallait sillonner le sol de canaux nouveaux; cela touche à la monomanie.

L'école nouvelle des voies de transport, partout et à tout prix, ne paraît pas se douter que le canal est un engin absolument délaissé depuis qu'il y a des chemins de fer. Ces trop fameux économistes s'imaginent que le canal transporte à 2 centimes et le chemin de fer à 6 centimes, tandis que toutes les marchandises encombrantes sont tarifées sur les voies ferrées à 2 et 3 centimes (la houille, la chaux, les pierres, le plâtre, etc.).

Ils oublient sans doute aussi que le canal est une voie fort capricieuse qui s'arrête par les temps de sécheresse, par les temps de gelée et les jours nombreux où on le vide pour le réparer.

Ils ont aussi négligé de se rendre compte que l'ensemble des canaux existants constitue aujourd'hui une opération économique à revers du sens commun, puisque sans compter les milliards qu'ils ont coûté, ils exigent 8 millions d'entretien et ne rapportent que 4 millions.

Que si, et contre toute raison, ces prodigues de l'argent d'autrui veulent avantager les clients des nouveaux canaux, ils n'ont qu'a donner aux grandes Compagnies de chemins de fer quelques millions à titre de subvention, et ces grandes Compagnies feront tout le service; cela coûtera bien moins que les deux milliards qu'ils ont l'intention de jeter à l'eau sous prétexte de canalisation nouvelle.

La folie ruineuse des projets de l'honorable M. de Freycinet est suffisamment démontrée ; il ne nous reste qu'à réduire à leur juste valeur les considérants sur lesquels on s'appuie, les circonstances atténuantes que l'on plaide en faveur de cette désastreuse opération.

Ne faut-il pas, dit-on, penser au premier besoin du pays, à sa défense en cas de guerre, et construire dans ce but des chemins stratégiques? Ne faut-il pas venir en aide aux populations déshéritées qui paient l'impôt qui a servi à l'établissement des voies ferrées dans des contrées doublement favorisées, puisque ces dernières étaient dès avant cet établissement plus riches que les premières?

D'ailleurs, ajoute-t-on, l'argent qui paraît ainsi prodigué n'est à la vérité qu'une avance de fonds, car la progression rapide de la richesse publique, grâce à ces voies ferrées elles-mêmes, rendra rapidement productive une ligne qui ne l'était pas au début.

Enfin, n'est-il pas honteux pour la France de se voir devancer, dans de si grandes proportions, par tous ses voisins, et notamment par l'Angleterre, la Belgique et l'Allemagne ; n'est-il pas temps de regagner le temps perdu?

***

En ce qui concerne les chemins de fer vraiment stratégiques, il ne peut entrer dans notre pensée de marchander les millions du pays. Toute économie faite sur ce point est une économie détestable. Il ne faut à aucun prix recommencer la faute commise par l'opposition dans les dernières années de l'Empire, et, selon la parole tristement prophétique du maréchal Niel, il vaut mieux faire de la France un camp qu'un cimetière.

Donc, point d'objections à ce sujet.

Mais, ajoute-t-on, que deviennent la justice et l'égalité dans cette distribution arbitraire des faveurs du budget, d'autant plus blâmable que ce sont des contrées pauvres qui paient pour tout le monde, et que les contrées riches seules sont comblées ?

***

Les économistes sensibles qui tiennent ce langage sont des sots ; car, s'il est prouvé qu'un nombre incalculable de voies ferrées est une cause incontestable de ruine pour le pays, le pauvre ne s'en trouvera pas plus à l'aise que le riche; agir de la sorte, ce serait réaliser cette communauté de détresse rêvée par les communistes et qui ne répugne d'ailleurs ni aux riches entrepreneurs ni aux judicieux banquiers, qui s'offrent partout et à tous les gouvernements pour construire des chemins de fer ruineux; les uns gagnent sur la construction et les autres ont bien soin de se débarrasser de leurs actions un peu avant le moment psychologique où la voie ferrée, venant à être exploitée, est à même de prouver qu'elle ne saurait en aucun cas procurer de dividendes à ses actionnaires.

L'égalité politique est assurément une nécessité de notre temps et surtout de notre pays, mais cependant il ne faudrait pas que cet amour sans seconde tournât à l'imbécillité.

Quel est donc le contrat, tacite ou public, passé entre le contribuable et l'Etat et duquel il résulterait que ce dernier, versant ponctuellement son impôt entre les mains du percepteur, aurait acquis par ce fait seul le droit d'exiger qu'un canal ou un chemin de fer passât au devant de sa maison?

Est-ce que lors de la construction des routes impériales et des premiers canaux ouverts en France personne a jamais songé à exiger son bout de route ou son kilomètre de canal? Pourquoi donc en serait-il autrement au sujet des chemins de fer qui ne sont et ne doivent être que des routes impériales luxueuses et perfectionnées?

Hélas oui, tout le monde ne peut pas avoir sa loge à l'Opéra, bien que l'Opéra ait été élevé avec les deniers de tout le monde; hélas oui, il y a des contrées pauvres comme il y a des contrées riches; accusez le ciel de cette fatale inégalité, demandez-lui compte du climat, de la montagne, de la sécheresse ou des inondations; accusez vos aïeux de vous avoir mis au monde sur le haut des Cévennes, au lieu de vous avoir déposé dans une riante et féconde vallée de la Normandie; accusez qui vous voudrez de votre prétendue infortune, mais ne demandez jamais à l'Etat de venir à votre secours à l'aide de voies ferrées gravissant péniblement vos montagnes, car ce jour-là vous seriez ruinés. Il est vrai que tout le monde le serait et que les esprits envieux et

chagrins puiseraient dans l'infortune géné-
rale de sérieux motifs de consolation ; mais
il faut en prendre son parti, on peut, à la ri-
gueur, imaginer une société réduite par ac-
cident à une commune misère ; une société
prospère contiendra toujours des riches et
des pauvres ; l'égalité devant la loi est un
principe fécond, l'égalité devant le chemin
de fer n'est que la plus bête des sottises.

Cependant, si ces chemins de fer, peu pro-
ductifs aujourd'hui devaient l'être prochai-
nement, ne serait-il pas d'une bonne politique de devancer le moment où des populations déshéritées auraient droit à l'établissement des voies rapides de transport ?

Sans doute, ce serait là une circons-
tance atténuante, si l'on ne devançait pas
cette époque dans des proportions insolites ;
mais on a dépassé toute proportion raison-
nable, même pour les voies actuellement
existantes et qui sont assurément d'un ren-
dement plus fécond que toutes celles dues à
l'enthousiasme de M. le ministre des travaux
publics.

En effet, tous les hommes compétents savent, et leur affirmation n'a jamais rencontré de contradicteurs, que la richesse du pays ne s'augmente pas au-delà de 3 0/0 par an.

Les contributions directes ou indirectes, les produits de la poste, ceux des octrois, s'enflent chaque année dans des proportions moindres; et, chose plus significative, nos grandes voies ferrées, qui sont dans des conditions économiques vingt fois supérieures à celles que l'on veut établir, n'atteignent pas annuellement ces 3 0/0 de plus-value.

Or, il résulte des discussions législatives récentes, que les lignes rachetées dernièrement par l'État au prix de 300 millions, rapportent actuellement 1 0/0, c'est-à-dire 3 millions; combien faudra-t-il d'années pour arriver au pair à 5 0/0, c'est-à-dire à 15 millions? plus de 50 ans!

Toutes les objections que l'on fait d'habitude aux vues sensées et pratiques en matière de chemins de fer venant à manquer, on fait résonner la corde chauvine et l'on s'écrie avec un désespoir patriotique : n'est-il pas vraiment douloureux de nous voir distancés dans de si grandes proportions par l'Angleterre, par la Belgique, par l'Allemagne ? nous n'avons que 24,000 kilomètres, tandis que l'Angleterre, la Belgique et l'Allemagne en possèdent un bien plus grand nombre ; c'est par rapport à la superficie une infériorité considérable, et par rapport à la population une infériorité plus forte encore. Quelle honte !

La honte est pour ceux qui tiennent un pareil langage et font d'aussi boiteuses comparaisons.

Ce ne sont pas, en effet, les kilomètres carrés que compte un pays, ce n'est pas davantage le nombre d'habitants qu'il faut considérer ici, c'est la quantité de tonnes à transporter qui doit seule faire loi ; supposez qu'il s'agisse d'un petit coin des montagnes du Jura ou de l'Auvergne, il est certain qu'il n'y aura jamais dans ces contrées le même nombre de kilomètres de voies ferrées que celui que l'on constate dans les plaines fécondes et riches de la Flandre, de l'Artois ou de la Picardie. Pourquoi ce raisonnement, qui est irréprochable entre deux contrées du même pays, deviendrait-il fâcheux, lorsque l'on met en parallèle deux contrées de pays différents ? Or, si on se résout à demander à l'inégalité des tonnes transportées la vraie et la seule raison de la différence dans le nombre des kilomètres de voies ferrées, on constate qu'en France chaque kilomètre construit ne -transporte en moyenne que 6,388 voyageurs et 2,529 tonnes de marchandises, tandis que dans les trois royaumes qu'on nous oppose, on trouve respectivement les chiffres suivants :

Angleterre : 18092 voy. — 7237 tonnes.

Belgique : 8584 voy. — 3876 tonnes.

Allemagne : 7731 voy. — 5179 tonnes.

Au surplus, même dans ces pays très favorisés, les sommes dépensées pour la construction et l'exploitation des chemins de fer ont été souvent hors de proportion avec les services rendus par eux, et cette imprévoyance, qui a coûté fort cher en Angleterre, a amené en Amérique, qui est sous le rapport de la tonne à transporter dans des conditions à peu près analogues à celles où se trouve la France, d'historiques misères.

M. Isaac Pereire, dans son remarquable

livre sur la question des chemins de fer (1)
rappelle cette lamentable histoire en traits
saisissants :

« Ce que produit, en matière de chemins
» de fer, la concurrence sans frein et
» sans limites, des crises funestes l'ont
» montré dans d'autres pays. Il a fallu de
» longues années pour effacer les traces du
» désordre jeté en Angleterre dans la créa-
» tion des chemins de fer ; aux Etats-Unis,
» d'incalculables désastres ont été le résultat
» de la rivalité téméraire des Compagnies,
» de la concurrence désespérée qu'elles se
» sont faite pour s'emparer d'un trafic qui
» ne suffisait pas à les alimenter toutes. —
» 47 Compagnies déchues en 1877, leurs
» lignes mises en vente ; 26 autres Compa-
» gnies mises sous séquestre ; plusieurs mil-
» liards engloutis dans ce désastre ; des
» grèves formidables, conséquence de la
» réduction forcée des salaires des employés
» et des ouvriers de chemins de fer ; la cir-
» culation arrêtée, la destruction des loco-
» motives, l'incendie des ateliers, des colli-
» sions sanglantes dans plusieurs villes et,

____

(1) Paris, 1879.

» ce qui est plus grave, l'effondrement de
» l'autorité en présence de l'émeute, tels
» sont les spectacles qui nous ont été offerts,
» tels ont été les effets des concurrences
» désordonnées. — On avait pensé d'abord
» qu'elles profiteraient au commerce et à l'in-
» dustrie par l'abaissement des tarifs et du
» prix de transport. Cette illusion s'est bien-
» tôt dissipée. Epuisées par la lutte des
» Compagnies concurrentes, sous le coup
» d'une impérieuse nécessité, elles ont dû
» s'entendre, constituer des syndicats, et les
» premiers articles de ce pacte d'union dirigé
» contre le public ont eu pour effet la dimi-
» nution du nombre des trains, la réduction
» de la vitesse, le relèvement et l'exagération
» de tous les tarifs ; le même fait s'est repro-
» duit à un moindre degré, il est vrai, dans
» d'autres pays, notamment en Autriche et
» en Hongrie, et c'est ainsi que par une loi
» fatale l'on a vu les succès de la concurrence
» tourner au préjudice de ceux qui croyaient
» en tirer parti. »

On peut objecter que ce désolant tableau ne
se verra jamais en France, parce que l'Etat
rachètera les Compagnies en détresse, et ne
permettra ni qu'on relève les tarifs, ni qu'on

ralentisse la vitesse, ni qu'on diminue le nombre des trains ; je le crois en vérité ; mais quel sera l'effet inévitable de cette conduite ? ce sera évidemment de doubler le désastre, et là où l'Américain aura perdu un milliard, d'en perdre deux ; c'est à proprement dire l'opération que ferait l'Etat achetant une usine au moment où l'absence des commandes la forcerait à licencier ses ouvriers et continuant à la faire marcher comme par le passé ; c'est l'envers du sens commun.

Une étude de quelques pages se résume en quelques mots :

Les chemins de fer chèrement construits et chèrement exploités doivent jouer dans notre système de viabilité perfectionnée le rôle des anciennes routes impériales.

Leurs affluents, c'est-à-dire le second réseau, ne devraient être composés que de voies ferrées très économiquement construites et non moins économiquement exploitées.

Quant au troisième réseau, s'il revient à

200,000 fr. le kilomètre, c'est une opération désastreuse. Voilà, sauf quelques exceptions qu'il faut prévoir et accepter, quelle devrait être la théorie acceptée par toutes les nations soucieuses de leurs véritables intérêts.

La question malheureusement n'est plus entière, on a construit le deuxième réseau, dans des directions quelquefois parallèles au premier, ce qui a été une première erreur; on l'a construit chèrement et prématurément et la faute a été doublée. Nous payons aujourd'hui, et nous paierons longtemps encore, plus d'un milliard cette précipitation. Il faut savoir s'arrêter sur cette pente dangereuse. La construction et l'exploitation du troisième réseau, dans les conditions prévues par le gouvernement, seraient l'effondrement de la fortune publique de la France.

Ce sont là des vérités économiques qu'un étudiant ne méconnaîtrait pas ; ce sont là des calculs qu'un enfant pourrait faire, et personne ne s'inquiète.

Cependant, nous avons passé autrefois pour une nation intelligente !

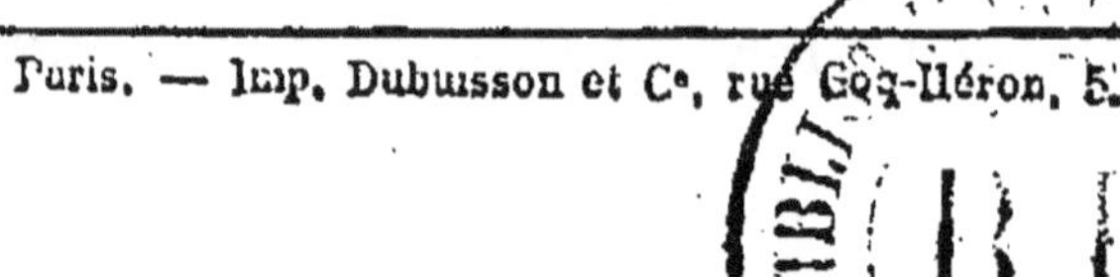

Paris. — Imp. Dubuisson et Cⁱᵉ, rue Coq-Héron, 5.

OUVRAGES DU MÊME AUTEUR

Tableaux d'Histoire de France, in-4°. Paris, 1861.

Éléments d'Histoire de France, in-12. Paris, 1861.

Études politiques et économiques, 1er vol. in-8°. 1863.

SOMMAIRE : La politique de conciliation. — Les chemins de fer à bon marché. — Les navires cuirassés. — Le Sénatus-Consulte du 20 décembre 1861. — La théorie du Gouvernement constitutionnel suivant M. Thiers.— Le régime de la Presse. — Les tarifs de chemins de fer dans la nouvelle politique commerciale de la France. — Questions financières et industrielles, M. Bartholony. — De quelques modifications dans le tarif des douanes, M. Amé.

Études politiques et économiques, 2e vol. in-8. 1863.

SOMMAIRE : Des transports à prix réduits sur les chemins de fer; 1re, 2e, 3e parties. — Les travaux du Corps législatif 1852-1857. — Session législative 1857-1858. — L'art. 5 de la loi de douane de 1836. — Le libre-échange français. — Liberté. — Nationalité.

Études politiques et économiques, 3e vol. in-8°. 1866.

SOMMAIRE : L'Empire et le Parlement. — L'École libérale et le Régime parlementaire de 1830 à 1848. — La liberté sous le régime parlementaire. — La session du Corps législatif 1863-1866. — l'État et les chemins de fer en 1865.

Études politiques et économiques, 4e vol. in-8°. 1877.

SOMMAIRE : Paris le Tyran.

Causeries politiques, 1 vol. in-12. 1872.

Le Catéchisme impérial. 1873.

La Loi électorale, broch. 1874.

Le Septennat, broch. 1874.

L'Esprit des Lois constitutionnelles de M. le duc de Broglie. 1874.

Manuel de l'Électeur indépendant, brochure. 1875.

Les Droits et les Devoirs de l'Impérialiste, broch. 1875.

L'Électeur et le Candidat, broch. 1876.

Paris. — Imp. Dubuisson et C*, rue Coq-Héron, 5.